AF450659

# PROJET
# D'ÉDUCATION

## POUR TOUT LE ROYAUME,

### PRÉCÉDE

## DE QUELQUES RÉFLEXIONS

## SUR L'ASSEMBLÉE NATIONALE.

# PROJET D'ÉDUCATION

## POUR TOUT LE ROYAUME,

### PRÉCÉDÉ

### DE QUELQUES RÉFLEXIONS

### SUR L'ASSEMBLÉE NATIONALE;

Par M. l'abbé Auger, vicaire-général de Lescar, de l'académie des inscriptions et belles-lettres, et de celle de Rouen.

On a mis après l'avertissement un projet de paix et de réconciliation.

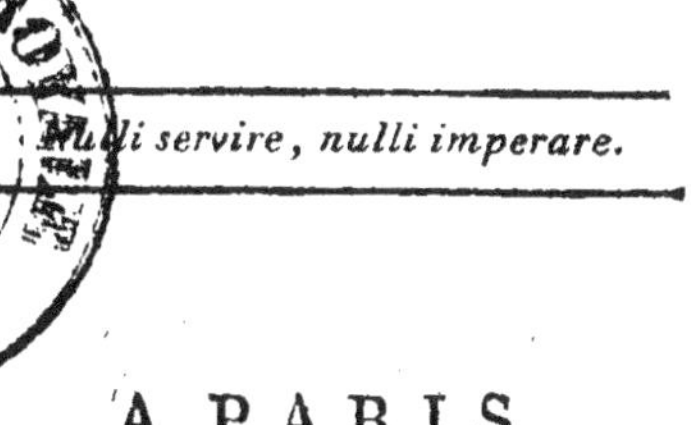

*Nulli servire, nulli imperare.*

A PARIS,

Chez Didot l'aîné, Imprimeur-Libraire, rue Pavée-Saint-André-des-Arcs;

Et chez de Senne, Libraire, au Palais-Royal.

M. DCC. LXXXIX.

# AVERTISSEMENT.

Il y a long-tems que j'avois formé un projet
d'éducation pour tout le royaume : j'ai cru
ne pouvoir le proposer dans une circon-
stance plus favorable que dans un moment
de violente secousse et de commotion uni-
verselle, où tout étant ébranlé, tout peut être
mis à sa place et rangé dans un meilleur ordre, sans que les vieux préjugés et les abus
antiques osent élever la voix. Nous devons
profiter de cet avantage, mais n'en pas
abuser, et procéder toujours avec une sage
circonspection, dans la crainte de détruire
tout en voulant tout rétablir. N'ayons en
vue dans nos réformes que le bien public,
que l'intérêt général; n'écoutons ni ressentiment particulier, ni intérêt personnel. Au
reste, en traçant mon plan d'études, je ne
suis pas entré dans les détails de l'exécution, qui seroient infinis ; je n'ai fait que

a iij

dessiner un tableau rapide. Si mon projet étoit goûté, on pourroit réunir un certain nombre de personnes instruites, auxquelles je me joindrois volontiers, qui examineroient entre elles les moyens les plus propres pour le réaliser de la maniere la plus utile. Je connois particulièrement un ancien professeur de rhétorique de l'université de Paris, homme fort instruit, zélé pour les bonnes études, sans aucun préjugé de corps : il a sur cet objet les idées les plus justes, et on pourroit profiter de ses lumieres.

Quant aux réflexions dont j'ai fait précéder mon projet d'éducation, j'ai protesté en les faisant et je proteste d'avance que je n'ai eu d'autre motif, en rappellant nos fautes, que de nous instruire et de nous porter à les réparer. Nous aurions pu, sans doute, prévenir plusieurs des maux qui nous affligent : mais rien n'est perdu, ne désespérons pas de la chose publique. Apprenons à être libres , rendons-nous dignes de l'être en élevant et en épurant nos vues , en nous convainquant qu'il n'y a que deux sortes d'empires , l'empire de l'homme et l'empire des loix; que , si nous ne voulons pas être assujettis aux volontés arbitraires de l'homme , nous devons nous imposer au plutôt des loix séveres qui , bien maintenues , ramenent l'ordre et la paix. Il faut que la grande assémblée commence par se régler elle-même , et que les regles sagement rigoureuses qu'elle s'imposera soient exactement suivies par toutes les assemblées secondaires. Autrement il régneroit parmi nous une confusion déplorable , qui finiroit peut-être ( la seule pensée en fait frémir ) par faire regretter même le despotisme. Souhaitons à nos ennemis les dissensions qu'ils nous souhaitent; et craignons de les réjouir par nos discordes. Ou plutôt faisons un souhait et plus religieux et plus patriotique : souhaitons qu'oubliant le passé , tous se réunissent d'esprit et de cœur, et travaillent de concert à affermir la liberté françoise sur le fondement de bonnes loix. Cependant, sous les auspices d'un prince ami du peuple, de ministres sages et integres, d'une assemblée auguste occupée sans relâche à établir sur des bases solides la nouvelle constitution, venons tous avec zele au secours de la patrie, empressons-nous tous de contribuer d'une partie de nos fortunes pour la tirer de la détresse et sauver sa gloire de toute tache. Je puis adresser à mes compatriotes les paroles que le célebre Périclès adressoit aux Athéniens :

« Le grand intérêt de chaque citoyen
« consiste moins dans sa prospérité person-
« nelle que dans le bonheur de la cité dont
« il est membre. Le citoyen le plus heu-
« reux, si sa patrie vient à tomber, tombe
« nécessairement avec elle : tant qu'elle se
« soutient, il trouve dans le bonheur géné-
« ral de quoi se relever de ses propres dis-

« graces. Mais s'il est vrai que la républi-
« que puisse soutenir le particulier dans sa
« chûte, tandis que le particulier ne peut
« arrêter la ruine de la république qui s'é-
« croule, ne faut-il pas que tous se réunissent
« pour prévenir cette ruine et pour secou-
« rir la mere commune »? *Thucydide, se-*
*cond livre de la guerre de Péloponnese.*

DANS un premier mouvement de zele patriotique, j'avois envoyé avec quelque confiance une
adresse pour être lue à l'assemblée nationale; mais
avant que l'expérience m'eût appris l'inutilité de ma
démarche, la réflexion m'avoit déja fait sentir que
l'assemblée ne pouvoit interrompre ses grandes opérations, et suspendre le cours des affaires publiques, pour entendre les adresses de simples particuliers. Cependant comme je suis toujours persuadé que le projet de réconciliation dont je vou-
lois faire part à nos illustres représentans, est le
plus propre à ramener l'union, la paix et le bonheur; comme je desirerois que le peuple heureux
et libre chérît une liberté nouvelle qu'il verroit être
le principe de sa félicité, et de la prospérité de la
France: j'ai pris le parti de rendre mon projet public par la voie de l'impression, et de le placer
à la tête de ce petit ouvrage. Il pourra parvenir à
quelques membres de notre auguste assemblée; ils
pourront, ainsi que plusieurs autres bons citoyens,
le lire, et juger si l'exécution en seroit aussi utile,
que l'idée en a paru belle à mon ame patriote, sincèrement amie du bien et de la liberté publique. Je
lui ai laissé la forme que je lui avois donnée d'a-
bord, et je suppose qu'il est lu à l'assemblée nationale. Je le fais précéder de la lettre écrite à
M. Mounier, alors président de l'assemblée; elle y

tient comme nécessairement, et ne peut guere eu être séparée.

### Lettre à M. Mounier, président de l'Assemblée nationale.

MONSIEUR,

Jamais affaire purement personnelle ne m'a aussi vivement affecté que les affaires de la nation, que les grands intérêts de la patrie. J'avois composé une adresse pour l'assemblée nationale, que je ne devois vous envoyer qu'à la suite d'un petit ouvrage que je fais imprimer actuellement, qui contient un projet d'éducation pour tout le royaume, précédé de quelques réflexions sur les affaires présentes : mais les alarmes sans cesse renaissantes, par lesquelles les ennemis du bien public voudroient troubler et interrompre vos grandes opérations, m'engagent à vous envoyer sur le champ mon adresse. J'y propose un projet qui pourroit ramener l'union, la paix et la confiance. Avant de la faire lire à l'assemblée, je vous prie, Monsieur, de lui observer que je n'ai pas apostrophé nos dignes représentans du titre de *Messeigneurs*, parceque je respecte trop les fondateurs de la liberté françoise pour les appeller de pareils noms. *Monseigneur*, *Messeigneurs*, et autres titres semblables, me paroissent être les restes et comme les stigmates d'une ancienne servitude. Chez les Romains, les hommes étoient apostrophés par leur nom, par un titre général ou particulier, Pompée, César, Crassus, Romains, peres conscripts, juges, consuls, pontifes, etc. Ce ne fut, comme vous le savez, que dans les derniers tems de l'empire, dans les siecles du plus grand avilissement, qu'une basse flatterie inventa et qu'un orgueilleux despote accepta les titres de *seigneur* et *maître*, *kurios, despotès*.

Recevez, Monsieur, avec les témoignages de la plus parfaite estime que m'ont inspirée vos talens et vos vues sagement patriotiques, l'assurance du respect avec lequel j'ai l'honneur d'être, etc.

Paris, 10 Octobre 1789.

# ADRESSE

## A L'ASSEMBLÉE NATIONALE,

Par l'abbé AUGER, citoyen françois.

Dignes représentans d'une nation illustre ;

Un ami de la patrie vient offrir à votre zele
patriotique quelques vues pour le bonheur
et la prospérité de la France. Tandis que
vous êtes occupés à établir sur de solides
bases la régénération d'un grand royaume,
vos ames sont touchées, je n'en doute pas,
de tous les maux qu'entraîne nécessairement
cette opération importante. Vous voyez avec
douleur, et non sans quelque alarme, quoique votre courage soit accoutumé à braver
les périls, les inquiétudes et les mouvemens
du peuple, qu'animent peut-être des personnes mal intentionnées, des ennemis se-
crets de la liberté publique : vous voyez avec
une peine extrême des familles distinguées
et opulentes déserter la capitale, plusieurs
même aller enrichir ces étrangers accou-
tumés à venir nous payer le tribut volon-
taire de leurs richesses. L'hiver qui s'appro-
che doit offrir à vos esprits une foule d'ou-
vriers et de marchands qui auront épuisé

leurs ressources par le défaut de travail et de commerce, qui verront leurs besoins augmentés par la rigueur de la saison, les secours diminués par l'éloignement des riches ; un nombre infini de domestiques que leurs maîtres auront été contraints de réformer, qui se trouveront sans pain et sans asyle ; le peuple devenu plus impatient encore du joug et de la subordination, parcequ'il souffrira davantage.

Ce spectacle de nos maux, et de ceux qu'on voit et de ceux qu'on prévoit ; afflige les ames des citoyens sages, doit affliger les vôtres. On seroit autorisé, je le sais, à contraindre de revenir, les riches qui ont pris la fuite ; et en vain diroit-on que tout citoyen est libre. Tout citoyen est citoyen, et par cela même qu'il est citoyen il ne doit pas abandonner la patrie lorsqu'elle a besoin de son secours et de sa personne. Un particulier d'Athenes, après la défaite de Chéronée, s'étoit retiré à Rhodes. Il revint quand il crut qu'il n'y avoit plus rien à craindre : il trouva un accusateur véhément qui le dénonça aux tribunaux comme un citoyen traître et perfide. *Le lâche!* (je me rappelle, entre mille autres, ce trait de l'orateur d'une simplicité sublime) *Le lâche! il n'a pas eu le courage de pleurer avec nous.* Oui, sans doute, tout citoyen doit secourir la patrie dans ses détresses ; des concitoyens doivent partager nos craintes, nos sollicitudes, nos travaux, nos peines. Vous avez droit de les y forcer, ô vous, nos dignes représentans, que la nation a chargés de ses pouvoirs. Mais forcerons-nous les volontés sans essayer de gagner les cœurs ? faut-il ramener au milieu de nous malgré eux des ennemis domestiques que nous aigrirons encore par cette contrainte ?

Je vais proposer à cette auguste assemblée, non un projet nouveau, mais un projet qui a déja été imaginé, qui a été exécuté, qui a eu la plus heureuse réussite.

La république d'Athenes, par ses folles entreprises et par ses funestes divisions, étoit tombée dans les plus affreuses disgraces : sans vaisseaux et sans troupes, assujettie aux Lacédémoniens, asservie à trente tyrans qui la déchiroient, elle voyoit les citoyens marcher les uns contre les autres, s'égorger mutuellement. Les ennemis de la tyrannie, après plusieurs combats, rentrent victorieux dans la ville. Comment usent-ils de leur victoire ? ils se réunissent aux vaincus ; tous ensemble font un traité de réconciliation , portent un décret par lequel le passé sera oublié entièrement , par lequel il ne sera pas même permis de faire de reproche à personne : le traité et le décret sont scellés d'un serment solemnel : Athenes a bientôt réparé ses forces presque anéanties , et reprend en peu de mois sa premiere splendeur.

Nous sommes dignes de renouveller un si bel exemple. Nous nous vantons de ressembler aux Athéniens , d'avoir leur génie vif, subtil , plaisant et gai : imitons , ce qui est bien plus important dans les conjonctures présentes , imitons leur modération et leur sagesse. Qu'il soit porté , conjointement avec le prince, un décret solemnel , par lequel le passé sera entièrement oublié, par lequel il sera défendu, sous des peines grieves, de faire de reproche à personne , soit en public , soit en particulier ; par lequel tous , sans distinction , sans exception quelconque , seront invités à venir aider la patrie dans ses grands travaux, à venir soulager leurs concitoyens pauvres par des secours effectifs , au moins par leur présence, à venir accélérer et partager les inestimables avantages que l'on espere de la constitution nouvelle. Nul citoyen , sans doute , ne se refusera à une invitation amicale et

patriotique ; mais si , ce que je ne puis croire, il se trouvoit des cœurs assez dénatu-
rés pour mépriser la voix de la patrie qui
les rappelle , qui veut bien oublier leurs
torts , qui réclame leurs services , la patrie
se permettra , au-delà d'un certain terme,
de les renier pour ses enfans , de déclarer
confisqués des biens dont ils auront refusé
de secourir leurs compatriotes , même pár
la seule consommation. Un décret tel que
le peuvent faire les plumes éloquentes dont
l'assemblée s'honore , publié dans tout le
royaume , affiché par-tout, lu dans tous les
districts et dans toutes les paroisses , accompagné des touchantes exhortations des pas-
teurs et des bons citoyens , qui feront sentir
au peuple ses vrais avantages ; un pareil
décret, je l'ose affirmer, non seulement
d'après le desir de mon cœur , mais encore
d'après l'expérience d'un peuple célebre ,
ne tardera pas à ramener parmi nous la confiance mutuelle, l'union, la paix et le bonheur.

Ainsi , braves et généreux compatriotes , je vous en conjure au nom et par la
majesté du peuple françois dont vous êtes
les dignes représentans , saisissez cette occasion de vous couvrir de gloire dans le

discours j'ai lu, *basileus Makedonias*, roi de Ma-
cédoine. J'en aurois trouvé mille exemples dans
le même écrivain et dans d'autres ; mais quand les
anciens auroient pu se permettre ces distinctions
subtiles et minutieuses, est-ce en cela que nous
devrions les imiter, et non plutôt dans leurs grands
principes d'utilité publique et générale, dans leur
amour pour la liberté et leur haine pour la licence,
dans leur attachement à la patrie, aux loix et au
bon ordre, dans les traits que nous a transmis l'histoire de leur modération et de leur sagesse, dans
leurs généreux sacrifices de tout intérêt et de tout
ressentiment personnel, dans cette politique prudente
et éclairée qui considéroit moins la rigueur
du droit que l'équité naturelle, qui examinoit
moins les objets dans la nature des choses que dans
les convenances avec tel peuple et avec tels principes généralement reçus? Avez-vous donné aux Athéniens, demandoit-on à Solon, les meilleures loix
possibles? *Les meilleures*, répondit ce législateur
philosophe, *qu'ils pussent comporter.*

# PROJET

## D'ÉDUCATION

POUR TOUT LE ROYAUME,

PRÉCÉDÉ

DE QUELQUES RÉFLEXIONS

SUR L'ASSEMBLÉE NATIONALE.

Je ne me suis jamais permis d'écrire sur les affaires publiques : entraîné vers d'autres études qui m'ont occupé tout entier, je n'ai pas eu le tems de m'appliquer à cette partie ; et j'ai toujours été persuadé qu'on ne doit point écrire, ni même parler, de choses qu'on ne sait pas : il faut se contenter alors d'écouter et d'interroger les personnes instruites. D'ailleurs, naturellement né libre, ayant toujours vécu avec les républicains d'Athenes et de Rome, incapable de déguiser ma pensée, je n'ai pu me résoudre à choquer une foule de préjugés

A

en m'expliquant librement ; à troubler ma tranquillité, cette tranquillité si nécessaire à un homme de lettres, en attaquant des principes consacrés par la prévention, par l'ignorance, et par l'intérêt personnel ; encore moins à flatter des opinions reçues, et la puissance intéressée à les soutenir, ou en parlant autrement que je ne pensois, ou en ne disant pas tout ce que je pensois. J'ai donc pris le parti qui m'a paru le plus sage ; je me suis tu, et j'ai fait parler les anciens. Mais aujourd'hui qu'on peut enfin dire tout ce qu'on juge vrai et utile, ce seroit, à mon avis, un crime de se taire, ce seroit manquer à payer sa contribution civique. Plusieurs ont cru que j'étois tranquille au milieu des orages et des tempêtes qui agitoient tout le royaume ; ils se sont bien trompés sur mon compte. Je ne pourrois exprimer les fluctuations d'espérance et de crainte, de joie et de tristesse, d'assurance et d'inquiétude, que j'ai éprouvées dans ces derniers mois : une voix intérieure me disoit que mon ame étoit patriote, jalouse de la liberté pour elle et pour les autres. Moi, qui jusqu'alors avois été indifférent aux nouvelles, j'en étois avide ; j'en demandois à tous ceux que je rencontrois, j'en allois

chercher par-tout : mon cœur s'épanouis-
soit de contentement ou se resserroit de
douleur selon qu'elles étoient bonnes ou
mauvaises. Dès que j'ai vu la révolution
faite, les ennemis de la liberté publique dis-
sipés, tous leurs efforts impuissans tour-
nés contre eux-mêmes, j'ai respiré et je me
suis dit : Les François vont donc enfin être
libres, ne connoître d'autre joug que celui
des loix qu'ils se seront données conjointement avec leur chef auguste. Il me sembloit
que j'étois déchargé d'un fardeau qui pesoit
sur mes épaules : l'air que je respirois me paroissoit plus léger et plus pur. Je voyois l'heureux moment où la nation alloit se régénérer ; le peuple sortir de l'inertie et de la dé-
gradation où il avoit langui depuis tant de
siecles, concevoir de lui-même de plus hauts
sentimens, s'intéresser et participer aux affaires publiques ; les grands et les nobles
chercher à valoir par un autre mérite que par
celui du nom et des décorations, travailler à
se rendre dignes de ces honneurs qui n'é-
toient accordés qu'à la naissance et à l'intri-
gue, obtenir notre admiration et nos res-
pects, non plus par de vains titres et par un
éclat étranger, mais par un mérite intrinse-
que et personnel. Je me suis reproché sou-

vent de n'avoir point paru dans les assemblées de mon district; j'en demande pardon à ma patrie, et je lui proteste que la seule raison qui m'a retenu dans mon cabinet, c'est que déja avancé dans ma carriere, accoutumé à une vie tranquille, ét me croyant peu propre au tumulte des affaires, j'ai pensé que je pourrois lui être plus utile en suivant le cours ordinaire de mes études.

J'interromps aujourd'hui mes travaux, et je vais tracer un projet d'éducation pour tout le royaume, qui puisse s'adapter aux circonstances, donner à la patrie des citoyens éclairés et vertueux, consolider et affermir une régénération, le sujet de tous nos discours, l'objet de tous nos desirs. Ce projet sera précédé de quelques réflexions sur l'assemblée nationale, sur la forme de ses délibérations, et sur la marche qu'elle a suivie jusqu'à ce jour. Je n'ai fait, comme je l'ai déja dit, aucune étude des diverses parties de l'administration publique; mais la connoissance des républiques anciennes, et un certain esprit droit, dont l'intérêt et la passion, je le puis dire, n'altérerent jamais la droiture, m'ont fourni quelques idées d'administration générale qui pourront paroître justes. Ce n'est point un motif de vanité, c'est le seul amour du bien qui m'a fait prendre la plume.

Je commence par rendre hommage à la conduite ferme et pleine de dignité de nos généreux représentans , jusqu'au moment où un prince , digne, par les sentimens de son cœur, de tout l'amour de sa nation, vint se jetter entre leurs bras sans aucune suite, sans aucune garde , et après avoir reçu les plus vifs et les plus sinceres applaudissemens , s'en retourna accompagné de la plus honorable escorte qu'ait jamais eue un monarque , de tous les membres de l'assemblée auguste à laquelle il étoit venu apporter des paroles de paix et de confiance. Toutes les histoires célébreront le courage intrépide qu'ils ont montré au milieu des périls et des armes dont ils se voyoient investis , la fierté noble et soutenue et même la modération rare qu'ils ont fait paroître jusqu'à cette mémorable époque. Si , après la défaite d'un ennemi dont ils n'avoient plus rien à craindre, l'ivresse du succès a pu leur faire commettre quelques fautes, n'en soyons pas surpris ; attribuons-le à la fragilité humaine, sans jamais perdre le souvenir des grands bienfaits dont nous leur sommes redevables. Je dirai un mot de ces fautes , moins par esprit de critique que pour nous instruire, après que j'aurai parlé de la forme des délibérations.

Le gouvernement d'Athenes étoit purement démocratique, c'est-à-dire que le peuple avoit l'autorité souveraine ; c'étoit lui qui décidoit, qui faisoit exécuter, qui nommoit les emplois et les charges. Les législateurs de cette république dont Cicéron vante les lumieres (*prudentissima civitas*, dit-il toujours, quand il parle d'Athenes) avoient senti tous les vices de ce gouvernement tumultueux, où l'on est peut-être moins libre que dans tout autre : car enfin on peut échapper aux coups du despote ; mais comment se dérober à l'insolence et aux caprices d'une multitude peu instruite, au milieu de laquelle on vit sans cesse? Quoi qu'il en soit, Solon, qui avoit donné aux Athéniens, disoit-il, les meilleures loix qu'ils pussent comporter, prit toutes les précautions imaginables pour qu'il regnât beaucoup de dignité, de décence et de tranquillité dans les assemblées publiques. L'assemblée commençoit toujours par des sacrifices et par des prieres: l'on ne manquoit pas d'y joindre des vœux pour le bonheur du peuple, et des imprécations terribles contre ceux qui conseilleroient quelque chose de contraire au bien général. L'auteur de ce réglement, citoyen sage et vraiment philosophe, pensoit que cet acte de religion imprimeroit un caractere plus auguste et à l'assemblée et à tous les décrets qui en émaneroient. Les proëdres ou présidens proposoient l'affaire sur laquelle on devoit délibérer : si elle avoit été examinée dans le sénat, et qu'on y eût porté un décret, ils en faisoient la lecture, et demandoient qu'il fût approuvé ou rejetté. Si le peuple ne l'approuvoit pas sur l'heure, un hérault commis par l'épistate, ou chef des présidens, invitoit à haute voix les citoyens au-dessus de cinquante ans, et ensuite les autres, qui vouloient parler, à monter à la tribune, pour se faire mieux entendre du peuple, et pour l'instruire sur l'affaire proposée. Quand les orateurs avoient parlé et conclu, savoir, par exemple, qu'il falloit approuver le décret du sénat ou le rejetter, alors le peuple donnoit son suffrage. On exposoit toujours son avis de vive voix ; seulement on faisoit lire par un greffier de courts mémoires ou des lettres, s'il y en avoit à lire. Il n'étoit pas permis de s'écarter de l'objet de la délibération. Des cris d'approbation ou d'improbation s'élevoient quelquefois de toute l'assemblée ; mais il étoit défendu, sous les peines les plus grieves , à un particulier ou à quelques particuliers, d'interrompre un orateur.

Ces précautions étoient nécessaires ; nous le voyons par ce qui se passe dans notre assemblée nationale, qui n'est pas à beaucoup près aussi nombreuse que les assemblées de la place publique d'Athenes , et qui d'ailleurs est composée, non de tout un peuple , mais de l'élite d'une nation illustre. Les papiers publics me disent tous les jours qu'il y a eu dans l'assemblée des cris , du tumulte, que la séance a été fort orageuse, qu'on y a crié plusieurs fois à l'ordre, qu'on a interrompu un orateur, qu'on y a lu des dissertations : j'ai vu, dans une matiere importante, après que la question avoit été bien débattue, qu'il restoit encore soixante personnes qui demandoient la parole. Mon intention est d'observer , non de critiquer. Je le prétends même ; on ne doit pas s'étonner que délibérant pour la premiere fois, après plusieurs siecles, dans une assemblée nombreuse, nous ignorions encore la meilleure maniere de délibérer. Je commence par le dernier article ; s'est-il jamais trouvé dans les sénats ou dans les places publiques de Rome ou d'Athenes , plus de quatre-vingts personnes qui aient parlé sur une affaire, quelque importante qu'elle fût? Non, assurément. D'où vient cela ? C'est qu'on ne lisoit pas, mais qu'on parloit avec le ton soutenu que demandoient et l'importance de l'affaire et la dignité de l'assemblée. Quand un premier opinant avoit exposé son avis, on se taisoit si l'on pensoit de même, ou l'on marquoit seulement en quoi l'on différoit. Ceux qui n'avoient pas le talent de la parole, pouvoient toujours prendre un parti, et se ranger de telle ou telle opinion. Comme la parole donnoit un grand avantage dans les assemblées du sénat et du peuple, les plus grands hommes, César, Pompée, Crassus, ne négligeoient pas ce talent; ils s'y exerçoient avec soin, ils s'y étoient préparés dès la jeunesse, cet exercice avoit fait une partie de leur éducation : et c'est ce qui arrivera chez nous par la suite, à ce que j'espere. Qu'il soit permis de lire, les lectures se multiplieront à l'infini, sur-tout dans un tems où l'art d'écrire est devenu si facile. On ne fera point grace d'une ligne de ce qui sera porté sur son papier. De là des redites ennuyeuses, des dissertations fastidieuses; les auditeurs fatigués ne voudront plus rien entendre, ils crieront aux voix. Mais des personnes d'un grand sens savent écrire, et ne manient pas aisément la parole. Ce sera un inconvénient, mais beaucoup moindre que l'autre. D'ailleurs, si ces écrits sont bons, ils pourront être lus dans les comités, ils pourront devenir publics par la voie de l'impression. Mais la parole, la parole seule doit dominer dans les grandes assemblées. Une assemblée nationale, où l'on discute les grands intérêts de l'état, n'est pas une académie où l'on puisse attendre que chacun lise à son tour son traité et son mémoire. Ce doit être un champ de bataille où, sous les yeux de la patrie et devant son autel, ses généreux défenseurs combattent armés d'une épée, que tantôt ils renferment s'il n'est pas besoin qu'ils en fassent usage, que tantôt ils manient à leur gré et durant le temps qu'ils jugent convenable. Ne seroit-il pas à propos que l'objet, sur-tout des grandes délibérations, fût affiché et connu plusieurs jours d'avance, qu'à chaque séance le président établît avec précision l'objet sur lequel on délibere, qu'il fût sévèrement défendu de s'en écarter en rien, que le président seul fût chargé d'y ramener, qu'il ne fût permis à personne d'interrompre celui qui parle, que les plus âgés parlassent d'abord ; qu'enfin, dans ces dietes solemnelles il régnât une dignité et une décence telles qu'elles doivent régner parmi des hommes qui, sur un grand théâtre où ils sont exposés aux regards de toute la France et de toute l'Europe, agitent et discutent les plus précieux intérêts de tout un vaste royaume qui en a remis la défense entre leurs mains. Il faut des réglemens précis et des loix rigoureuses, sur-tout pour des François, cette nation si vive, qui est capable des plus grandes choses, mais dont la fougue et l'impétuosité ont besoin d'être dirigées et contenues.

Je vais parler maintenant de quelques fautes de notre assemblée nationale. J'en parlerai comme l'histoire, pour notre instruction seulement, comme je l'ai déja dit, sans esprit de critique, sans aucune envie de rien diminuer de la vénération due à nos dignes représentans, à qui nous avons des obligations éternelles.

D'abord ( je me le rappelle et je ne l'oublierai jamais), avec quelle peine, avec quelle impatience n'ai-je pas vu que l'on perdoit un mois entier à discuter la simple question de la vérification des pouvoirs en commun ! Je ne voyois que deux partis à prendre ; mais il falloit choisir promptement, et agir sans délai. L'un de ces partis, suivant moi, étoit le plus sage et le plus sûr, et je l'aurois préféré à l'autre qui étoit hardi et périlleux. J'aurois donc desiré principalement que le Tiers ( je parle comme on parloit alors ) voyant une résistance opiniâtre dans les deux autres ordres, eût mis de côté, sauf à les reprendre dans un tems plus favorable, les questions de la vérification des pouvoirs en commun et de la délibération par ordres ou par têtes ; qu'après avoir verifié ses pouvoirs à part, il eût proposé aux deux autres ordres qui auroient vérifié les leurs de même, de délibérer aussitôt sur les objets généralement, ou presque généralement convenus dans les cahiers. De là que seroit-il arrivé ? Ou les deux autres ordres, ce que je ne puis croire, auroient rejetté ces objets, et alors ils auroient dévoilé aux yeux de la France et de l'Europe leurs mauvaises intentions ; ou ils les auroient acceptés, et alors on auroit obtenu la plus grande partie de ce qu'on desiroit. On auroit toujours été à tems de statuer si par la suite les pouvoirs seroient vérifiés en commun, si les délibérations seroient prises par têtes et non par ordres. Il seroit trop long de discuter les raisons qui me font penser que ce parti auroit été le plus sage et le plus sûr, et de répondre aux objections qu'on pourroit me faire : je passe sur le champ à l'autre parti qu'on devoit prendre si on ne prenoit pas le premier, que le Tiers a pris en effet, quoiqu'un peu trop tard, à mon avis ; mais enfin il l'a pris, et il s'est constitué en assemblée nationale.

Ici, disons-le avec satisfaction, publions-le avec complaisance, c'est la partie brillante de son histoire. Quelle fermeté dans les principes et dans la conduite! quel courage ! quelle intrépidité ! quelle dignité ! quelle modération ! quelle sagesse ! Aussi les représentans du Tiers ont-ils vu bientôt leurs ennemis fuir devant eux, les troupes qui les investissoient disparoître, tous les obstacles s'applanir, les murs de séparation tomber, les deux autres ordres se réunir à eux en une seule et même assemblée nationale, le prince lui-même, détrompé et désabusé, venir se jetter entre leurs bras, tous accourir de toutes parts pour implorer leurs lumieres et leur assistance.

*Tu sais vaincre, Annibal, tu ne sais pas user de ta victoire.* Qu'il me soit permis ici de rapporter un trait de l'histoire d'Athenes qui m'a toujours frappé, un trait que leurs historiens et leurs orateurs vantent avec raison. Les Athéniens, épuisés par de folles entreprises et par leurs divisions, avoient succombé sous la puissance des Lacédémoniens, qui, vainqueurs et maîtres de la ville, y établirent trente hommes, pris dans la ville même, pour la gouverner sous les ordres d'un commandant qu'ils placerent dans la citadelle. Thrasybule, à la tête d'un nombre de citoyens qui ne pouvoient souffrir l'oppression et la tyrannie, sortit de la ville, et s'empara d'un fort de l'Attique. Il remporta plusieurs avantages sur les trente tyrans et sur leurs partisans, et enfin il rentra victorieux dans Athenes avec toute sa troupe. Comment les vainqueurs userent-ils de leur victoire ? Les vaincus étoient leurs compatriotes, plusieurs leurs proches, plusieurs anciennement leurs amis. Falloit-il les anéantir ou les humilier au point qu'on ne trouveroit en eux aucun secours, qu'on n'y trouveroit plus que des ennemis ? Il fut décidé qu'on oublieroit absolument le passé, qu'il ne seroit pas même permis de faire de reproche à personne. Tous les citoyens se réunirent et firent entre eux un accord scellé du serment. Cependant les Lacédémoniens envoient redemander une somme qu'ils avoient prêtée aux citoyens restés dans la ville pour faire la guerre à ceux qui en étoient sortis. Il y eut quelques débats au sujet de cette demande. Thrasybule et sa troupe prétendoient qu'ils ne devoient pas contribuer au paiement d'un argent emprunté contre eux, emprunté pour leur nuire. Cette raison paroissoit sans réplique ; mais la raison d'utilité générale, la raison de générosité l'emporta : il fut résolu d'un commun accord qu'on paieroit en commun, et qu'on donneroit cette premiere preuve d'une réconciliation sincere. Je puis bien m'écrier ici avec Tite Live, dans une occasion à peu près pareille : *Où trouveroit-on dans un seul homme la sagesse et la grandeur d'ame qui se trouverent alors dans une multitude !*

J'aurois voulu que nos représentans de la nation françoise eussent pensé et agi de même. Peut-être avoient-ils à se plaindre des tribunaux supérieurs ; mais sacrifiant aux vues de bien public des ressentimens particuliers, ils devoient leur rendre l'autorité, et travailler avant tout à ramener le peuple sous le joug des loix. Car enfin ce sont les loix, et

non les canons et les fusils, qui font un gouvernement. Un seul homme mis à mort
d'après l'énoncé de la loi, avec les formes
et l'appareil de la justice, fait plus d'impression sur la multitude, que dix mille tués par
des fusils et des canons. La force doit venir
au secours des loix, mais il faut que les loix
aient prononcé : les loix auxquelles nul citoyen ne doit désormais rougir de se sou-
mettre, puisque c'est lui-même qui les aura
portées par lui ou par ses représentans. Il
falloit donc prendre toutes les mesures pour
rétablir l'ancien ordre et le remettre en vigueur, avant de s'occuper à en établir un
nouveau. Un ordre, quel qu'il soit, vaut toujours mieux que nul ordre. Le despotisme
n'étoit plus à craindre ; le plus funeste ennemi des gouvernemens, le plus redoutable
fléau des sociétés, l'anarchie avoit pris la
place. C'étoit comme un mal nécessaire avant
la régénération du royaume : mais c'étoit un
mal qui entraîne souvent la ruine des empires; et l'on devoit prendre les moyens les
plus propres pour en arrêter les progrès,
de peur que le royaume ne vînt à périr tandis que l'on songeoit à le régénérer, de peur
que les perceptions interrompues ne fissent
tarir les sources des richesses publiques. Cer-

tainement ce n'a pas été l'intention de l'assemblée nationale ; mais, je le dirai avec franchise, dans le tems où, pour l'intérêt de toute la France et pour le sien propre, elle auroit dû travailler efficacement à calmer le peuple, à le faire rentrer dans l'ordre, tous ses arrêtés tendoient à l'animer encore davantage, à le soulever presque, à lui mettre les armes à la main. Sans doute, oui, ( et c'est, suivant moi, un principe incontestable ) le but de tout bon gouvernement est le bonheur du peuple ; mais, par la raison même qu'on doit s'occuper de son bonheur, on ne doit pas flatter ses passions. La multitude aveugle et furieuse, ne connoissant plus aucun frein, se tourne contre les imprudens qui ont paru tolérer ses excès, ruine ses intérêts et ceux d'autrui qu'elle ignore également, fait fuir les riches sans penser que les riches font vivre les pauvres ; elle saisit le mot sans examiner l'explication, elle-même l'explique suivant son affection actuelle : tous les hommes sont libres, c'est-à-dire, je puis faire impunément tout ce que je veux : tous les hommes sont égaux, c'est-à-dire, je puis forcer le riche à partager son bien avec moi, je puis désobéir à celui qui commande. Il

B

fondé à lui en vouloir, à cause du mauvais usage que plusieurs font des biens ecclésiastiques, et du vicieux partage de ces biens, c'est-à-dire, presque généralement, tout d'un côté et rien de l'autre, tout au nom et à la faveur, rien au talent et au travail. Mais faut-il pour cela ôter les dîmes à l'Eglise ? Je n'examine point si ces dîmes sont ou non sa propriété ; mais considérant l'intérêt de la nation, je pense qu'il faudroit laisser à l'Eglise les dîmes. Et voici pourquoi je le pense : c'est qu'en les lui ôtant on se charge d'un embarras nouveau, on se prive d'un avantage, on mécontente sans fruit un ordre considérable dans l'état et tous ceux qui tiennent à cet ordre. Nous avons déja assez d'embarras sans nous embarrasser encore d'une régie nouvelle. Laissons les ecclésiastiques régir eux-mêmes leurs biens, et demandons-leur une contribution proportionnée à leurs richesses et aux besoins du royaume. Ce sera une ressource pour le moment, c'en sera une encore pour la suite. « Laissons, dit Démosthene, laissons l'argent « entre les mains de ceux qui le possedent : « il ne peut être gardé plus sûrement ailleurs « pour la république ; et elle le recevra, dans « l'occasion, des citoyens qui alors le lui

« offriront d'eux-mêmes ». Ce n'est point là un principe de métaphysique, c'est un principe de bon sens dont tout le monde reconnoît sur le champ la vérité. Laissons donc leurs biens aux ecclésiastiques ; ils nous offriront d'eux-mêmes, et dans nos besoins actuels, et dans nos besoins futurs , une contribution aussi abondante que nous le desirerons. Cependant établissons de ces biens une répartition plus juste , et corrigeons les abus.

Je vais jetter un coup-d'œil sur la fameuse nuit du 4 août. C'est assurément un des plus précieux avantages d'une grande assemblée, composée de toutes les parties d'un vaste royaume, de pouvoir produire en peu de jours ce qu'on pourroit à peine obtenir en bien des années : oui, on peut profiter de beaucoup de choses faites dans un moment d'enthousiasme et d'exaltation de tête , parceque, sans doute, quoi qu'on dise, c'est dans ces momens sur-tout qu'on fait de grandes choses, qu'on fait de grands sacrifices ; mais on peut aussi, ou plutôt on doit revenir avec une ame froide et tranquille sur ces délibérations précipitées , examiner si parmi ces opérations faites à la hâte , il n'en est pas qui choquent la justice ou l'intérêt

général : car enfin on ne gouverne point un
état avec la même impétuosité qui emporte
la bastille. Je n'entrerai pas dans les détails
qui seroient infinis, et qui d'ailleurs sont
hors de ma compétence.

J'ai entendu reprocher à notre assemblée
nationale trop de promptitude pour renverser, trop de lenteur pour édifier. Le peuple,
dit le grand Montesquieu, a cent mille bras
pour détruire et cent mille pieds qui n'avancent pas. Je n'ai garde d'appliquer à nos dignes représentans ce mot du législateur des
nations ; car ils avancent dans le grand ouvrage qu'ils ont entrepris : mais on trouve
qu'ils cheminent un peu trop lentement pour
nos besoins.

Je l'ai déja protesté, et je le proteste encore, c'est l'amour de la patrie, et non un
esprit de malignité, qui me dicte toutes ces
observations ; je me suis exprimé avec la liberté d'un citoyen qui, incapable de déguiser sa pensée, et de l'assujettir à celle
d'un autre, ne veut asservir personne à la
sienne : nul, je le déclare, n'est plus reconnoissant des peines infinies que s'est données et que se donne tous les jours l'assemblée, pour nous procurer enfin, au milieu
des mouvemens et des obstacles sans cesse

( 23 )

renaissans , une excellente constitution , une
constitution qui pose sur des bases inébran-
lables , et pour porter dans toutes les parties
d'une vaste administration la réforme qu'elles demandent depuis plusieurs siecles.

Comme la sanction royale , ou le *veto* suspensif , a produit de grands débats , et que
je vois encore même d'estimables citoyens
persuadés que la sanction est ennemie de la
liberté , et qu'elle nous remet sous le joug
du despotisme , je vais dire en peu de mots
pourquoi je pense absolument le contraire :
c'est par où je terminerai mes réflexions sur
les affaires présentes.

Toute puissance tend à être oppressive ,
et cependant il faut nécessairement être gouverné par des puissances ; on devroit donc
conclure qu'il faut nécessairement être op-
primé. Je ne connois qu'un moyen pour être
gouverné sans être sous l'oppression ; c'est
qu'il y ait plusieurs puissances opposées qui
se balancent sans se nuire , et qui marchant
comme de front et sur la même ligne , opé-
rent le plus grand bien de l'état sans nulle
violente secousse. Je me représente le peuple comme placé immédiatement sous les
deux bassins d'une balance suspendue sur
sa tête ; si ces deux bassins sont toujours à-

peu-près en équilibre , aucun d'eux ne pese
sur la tête du peuple ; si l'un des deux, quel
qu'il soit, a trop de prépondérance, le peuple placé au-dessous se trouve foulé et oppri-
mé. A Lacédémone le roi étoit toujours heureux et chéri, le peuple étoit toujours tranquille et libre , parceque les trois puissances , monarchique, aristocratique et démocratique, se balançoient et se corrigeoient
mutuellement. Moins puissans que de simples particuliers, pour commettre l'injustice,
les rois de Lacédémone, dit Isocrate, sont
beaucoup plus heureux qu'aucun monarque
de la terre le plus absolu. Tout Lacédémonien qui, dans les combats, craindroit de
mourir pour son prince seroit plus désho-
noré qu'un lâche qui abandonne son poste
et qui jette son bouclier. Lacédémone ne
connut jamais les troubles ni les séditions ;
elle n'en éprouva que de la part des Hilotes.
Elle les opprimoit cruellement ; or on ne
sauroit entièrement étouffer dans une troupe
d'hommes le sentiment de la liberté ; il se
réveille quelquefois et le réveil est terrible.
Athenes , au contraire, fut souvent troublée
par les divisions de ses citoyens, et jamais par
des révoltes d'esclaves, parceque les esclaves
y étoient traités avec toute la douceur que

peut comporter l'esclavage. Ce fut Théopom-
pe, roi de Lacédémone, qui établit lui-même la puissance des éphores pour borner
encore davantage celle des rois. Sa femme
lui ayant reproché qu'il laisseroit à ses enfans la royauté moindre qu'il ne l'avoit re-
çue : *Au contraire*, lui répondit-il, *je la
leur laisserai plus grande, parceque'elle sera
plus solide.* Notre roi, nous en sommes
tous convaincus, a les mêmes sentimens
dans le cœur. Il sait déja combien il est
cher à son peuple; il sentira par la suite
combien un monarque qui ne regne que par
les loix, qui n'a les mains liées que pour
commettre l'injustice, est plus heureux
qu'un prince qui jouit d'une puissance ab-
solue, dont des ministres abusent pour commettre mille violences sous son nom. Le caractere des François est une raison qu'on a
déja fait valoir avant moi en faveur du *veto*
suspensif. Une nation aussi vive et aussi
impétueuse que la nôtre a besoin d'être re-
tenue par une puissance qui l'observe. Elle
sera plus attentive à bien digérer ses loix,
quand elle saura qu'elles doivent être revi-
sées par le conseil du prince; et le prince,
en refusant sa sanction à celles qu'il ne ju-
geroit pas assez réfléchies, ne la refusera ja-

sujet, et je me borne à l'éducation de l'esprit et à l'instruction, dans laquelle les maîtres ne se contenteront pas d'enseigner aux
jeunes gens les lettres grecques, latines et
françoises, mais s'étudieront à graver dans
leurs ames les meilleurs principes des vertus religieuses, civiles et politiques. J'exa-
minerai donc à quel âge doit commencer
cette éducation, et jusqu'où elle doit se
prolonger, quelles doivent en être la forme
et la matiere, enfin quel est le moyen de
la rendre la même dans tout le royaume.

En applaudissant à l'éloquence du philosophe de Geneve, en reconnoissant que son
Emile offre une foule d'excellens principes
dont peut profiter un sage instituteur, je
dirai que son plan d'éducation est imprati-
cable et ne sauroit nous convenir; l'éducation de son éleve est particuliere et isolée,
et nous voulons une éducation publique et
générale : je prouverai par la suite combien
cette derniere l'emporte sur l'autre. Ainsi
nous laisserons Rousseau, mais nous ne le
laisserons qu'après l'avoir bien lu et bien
étudié ; après avoir admiré, non la beauté
de son style toujours brillant et nerveux,
mais la sagesse avec laquelle il rend l'enfan-
ce heureuse en la dégageant de tous les liens

dont on l'avoit jusqu'alors embarrassée , en lui laissant la liberté de tous ses mouvemens, mais cette utile sévérité qui éloigne d'elle tout ce qui pourroit la corrompre et l'amollir , qui recule le plus qu'il est possible le moment des passions tumultueuses , et empêche qu'elles ne viennent la troubler avant le temps marqué par la nature.

A quel âge notre jeune éleve commencera-t-il ses premieres études ? A quel âge les finira-t-il ? J'appelle premieres études , les études communes , les études qui doivent convenir à tous les états et à toutes les professions. Tâchons de prendre un juste milieu , ne commençons ni trop tôt ni trop tard. Ménageons les tendres organes de notre jeune disciple, n'appliquons point son esprit avant que son corps et sa raison aient pris quelque consistance , soyons plus jaloux d'avoir des fruits solides que des fruits précoces. Mais aussi n'attendons pas que ses organes soient moins souples , sa mémoire moins prompte, qu'il ait moins de facilité pour saisir tout ce qu'on lui présente, moins de docilité pour se plier à tout ce qu'on exige de lui , que par une trop longue habitude des agitations du corps, son esprit soit devenu incapable d'application. D'ailleurs, nous avons besoin d'un certain nombre d'années ; et s'il commençoit trop tard, il seroit trop âgé quand il finiroit. Depuis neuf ans jusqu'à vingt, c'est là l'espace que nous demandons pour remplir notre objet et atteindre notre but.

On nous objectera, sans doute, que presque tous les nobles destinés à la profession des armes, qui entrent très jeunes au service, seront privés des avantages de notre éducation. C'est moins là une objection qu'on nous donne à réfuter qu'un abus à réformer. Quoi donc! si l'usage ne nous accoutumoit pas aux choses les plus déraisonnables, ne trouverions-nous pas étrange qu'on envoie au service un enfant, ses études à peine commencées, sans principes, sans connoissances, avec une constitution fragile que les fatigues et la débauche ont bientôt épuisée? Souvent, dès qu'il a obtenu cette distinction militaire unique objet de ses desirs, il cesse de servir dans un tems et à un âge où il pourroit être le plus utile. Quand il remplira le cours des études générales jusqu'à vingt ans, qu'il emploiera deux années à des études particulieres et aux exercices propres à son état, qu'il ne paroîtra qu'à vingt-deux ans dans nos armées,

( 31 )

en vaudra-t-il moins? Nous aurons dès l'en-
trée de son service un homme , et un homme
qui pourra être long-temps utile au roi et à
sa patrie. Les jeunes Athéniens , dont les
études étoient moins compliquées que les
nôtres puisqu'ils n'avoient que leur langue
à apprendre , ne commençoient à servir
qu'à dix-huit ans; on les envoyoit sur les
côtes pendant deux ans pour les garder.
Lorsqu'ils avoient atteint l'âge de vingt ans,
ils étoient inscrits sur la liste des citoyens
après avoir prêté serment ; et ce n'étoit
qu'en vertu de cet acte public et solemnel
qu'ils devenoient membres de la république. Les jeunes Romains , sur-tout d'une
certaine distinction , commençoient leur
service plus tard encore ( 1 ). Cicéron parle
de Pompée comme ayant paru dans les armées romaines beaucoup plus jeune qu'on
n'y paroissoit pour l'ordinaire, et Pompée
avoit plus de vingt ans. Le cours des études
à Rome se prolongeoit dans un âge plus
avancé que chez nous ; et lorsqu'on l'avoit

_______________

( 1 ) Il y avoit à Rome un âge marqué pour le
service militaire ; c'étoit dix-sept ans. Ni les grands
ni les petits ne pouvoient servir avant cet âge ;
mais ceux qui recevoient une éducation honnête,
commençoient plus tard leur service.

fini, on se mettoit sous la discipline de
quelque orateur célebre : ses leçons et son
exemple achevoient de former à l'éloquence.
Je ne crois donc pas demander trop de tems,
même aux nobles, ni les envoyer trop tard
au service.

Mais quelle forme d'éducation faut-il suivre? Je me suis déja expliqué sur l'éducation domestique et isolée, et je pense pour
toutes sortes de raisons qu'on doit lui
préférer l'éducation publique. Sans parler
de l'émulation qu'allume dans l'ame d'un
jeune athlete une foule de rivaux qu'il brûle
d'égaler ou de surpasser, de ces victoires
dont il s'applaudit, de ces défaites dont il
rougit, de ces précieuses larmes que lui fait
verser l'amour de la gloire, de ces généreux
efforts qui l'élevent au-dessus de lui-même,
combien n'est-ce pas un avantage inestima-
ble qu'il apprenne de bonne heure que tous
les hommes naissent égaux, que les seules
vraies différences d'homme à homme ce sont
les talens et les vertus. Ces écoles, qui ras-
semblent un grand nombre de sujets, sont
de petites républiques où regne une égalité
parfaite : là ce n'est ni le plus riche ni le plus
noble, mais le plus habile qui domine, dans
les joûtes de l'esprit comme dans celles du

corps : la fierté y essuie des humiliations qui la corrigent, la douceur sans foiblesse y est accueillie et encouragée : là , entre tous égaux, on ignore la flatterie, les défauts y sont reprochés sans ménagement. Qu'elles different ces maisons simples de ces palais superbes où un jeune éleve languit toujours en présence de lui-même , environné d'un faste qui détruit à chaque instant les leçons qu'on lui donne , qui l'avertit à chaque moment qu'il n'a pas besoin de se fatiguer, entouré de valets qui rampent bassement devant lui , ou qui lui communiquent leur bassesses et trop souvent leurs vices ! car il ne faut pas croire que, dans la maison paternelle, un jeune homme soit à l'abri de cette corruption que l'on redoute dans les maisons communes, où se réunissent un grand nombre de sujets, parmi lesquels il s'en trouve plusieurs de vicieux qui gâtent les autres. En convenant de ce dernier danger, je dis qu'il est possible de le diminuer ou même de le faire disparoître par une attention sévere et vigilante ; je dis qu'il subsiste avec d'autres dans les maisons particulieres, que souvent elles envoient dans les maisons publiques des sujets tout corrompus qui corrompent plusieurs de ceux auxquels ils viennent se réunir, et qu'ainsi le monde n'est que trop souvent lui-même la premiere cause de la corruption dont il se plaint avec tant d'amertume. Je persiste donc à soutenir que l'éducation commune est la seule qui doive être adoptée. Les anciens ne connoissoient, ne pratiquoient que celle-là. Chez les premiers Perses, à Lacédémone, à Athenes, à Rome, les jeunes gens étoient élevés en commun, tous les exercices se faisoient en commun.

Mais quelle éducation commune prendrons-nous ? Conserverons-nous celle des colleges? Il y a des abus dans les colleges, je le sais ; il y a des réformes à faire : faut-il pour cela détruire les colleges ? faut-il y renverser tout? Non, sans doute. Profitons de tout ce qu'il y a de bon , corrigeons ce qui peche, ajoutons ce qui manque. Défions-nous de cet esprit destructeur si dangereux dans les gouvernemens. Novateur, innover, innovations étoient des mots odieux chez les anciens. Et ils avoient raison. Toute innovation est un mal ; il ne suffit donc pas que ce que vous proposez soit mieux que ce qui existe, il faut qu'il soit infiniment mieux pour dédommager du mal attaché à toute innovation. Les anciens craignoient, et, à

leur exemple, nous devons craindre un novateur comme un ennemi public. Je ne dirai rien ici que d'après la réflexion et l'expérience. J'ai réfléchi long-temps sur l'éducation, et j'ai enseigné moi-même l'éloquence
pendant quatorze ans dans une grande ville
et dans un grand college. Je tâcherai de ne
rien proposer qui ne soit praticable. J'ai lu
dans ma vie beaucoup de traités d'éducation,
et je me suis toujours dit en les lisant : Voilà
de bien beaux projets ! une seule chose em-
barrasse, c'est que l'exécution en est impossible. Quoi qu'il en soit, voici le mien, et
voici comme je conduis mon éleve.

Jusqu'à neuf ans, je travaille sur-tout à lui
former une bonne constitution, je lui ap-
prends à lire et à écrire, je l'amuse de mytho-
logie, de narrations agréables ; je lui enseigne l'histoire sainte, je lui donne les premiers
principes de religion.

Arrêtons-nous un moment à ce dernier
article. Non, je n'ai jamais pu concevoir
comment des hommes, qui se disent philosophes, prétendent toujours mettre la religion de côté, même dans les opérations les
plus importantes. J'ai vu la séance où, à la
honte de notre nation et de notre siecle, on
a mis en délibération si on placeroit le nom

de Dieu à la tête de la législation nouvelle.
J'étois indigné, je l'avoue ; mais j'ai été con-
solé en voyant la plus grande partie de l'assemblée partager mon indignation. *Ce n'est
pas un traité de religion qui nous occupe*,
disoient quelques uns avec assurance. Eh
bien ! qu'ils écoutent, non un prêtre, mais
le philosophe Platon, lorsqu'il entreprend,
non de composer un traité de religion, mais
de tracer un plan de république : « Invo-
« quons Dieu, dit ce philosophe au qua-
« trieme livre de ses loix, invoquons Dieu
« pour l'heureux succès de notre législation.
« Qu'il daigne écouter nos prieres, et qu'il
« vienne plein de bonté et de bienveillance
« nous aider à perfectionner notre républi-
« que et nos loix ». Je demanderois volontiers à ces prétendus philosophes s'ils voudroient gouverner un peuple sans morale :
or, je soutiens, et je serois en état de le prouver si c'étoit ici le lieu, qu'ôter au peuple sa
religion, c'est lui ôter sa morale. Qu'il est
bien plus philosophe ce ministre digne de toute notre confiance, qui, dans un livre composé par lui sur le commerce des grains,
avant qu'il entrât au ministere, disoit : *Deux
choses intéressent vivement, intéressent
presque uniquement le peuple*, SON PAIN QUI

LE NOURRIT, ET SA RELIGION QUI LE CONSOLE.

Je n'ai jamais oublié ce mot, il est resté gravé dans ma mémoire et dans mon cœur; et j'ai vu avec surprise qu'on n'ait point remarqué, qu'on n'ait point relevé cette parole qui devroit être écrite en lettres d'or à toutes les portes des administrateurs de la chose publique. Me permettra-t-on ici de dire tout ce qui me fait de la peine? Je vois toujours avec douleur que, les dimanches mêmes, les travaux publics et particuliers ne soient pas interrompus, que des princes fassent travailler dans leurs palais sans nécessité. Je suis toujours choqué, les jours de jeûne et d'abstinence, de voir étalé dans les rues tout l'appareil des alimens défendus en ces jours. Qu'il soit libre à chacun, dans l'intérieur de sa maison, de faire ce qu'il voudra; mais que la décence extérieure soit gardée, et qu'on n'affiche point le mépris de la religion. S'il y a encore trop de fêtes, qu'on en supprime encore, qu'on ne garde que les dimanches, mais que les dimanches au moins soient scrupuleusement observés. Puisque je parle de réforme, je me plaindrai aussi des petits spectacles, comme on les appelle vulgairement. Peut-être faut-il des spectacles dans une grande ville, et si

c'est un mal c'est peut-être un mal nécessaire : mais pourquoi toute cette foule de
spectacles subalternes où le peuple va perdre son tems, son argent et ses mœurs?
Nous nous occupons à faire des loix; oc-
cupons-nous donc, et avant tout, à réformer les mœurs, parceque, sans de bonnes
mœurs, de bonnes loix deviennent inutiles.

Au reste, je veux prouver en peu de
mots que mon attachement à notre religion
sainte est raisonnable et libre de tout préjugé. Je me rappelle que, même avant la
révolution, lorsque des personnes religieuses
m'opposoient ce passage de Saint Paul: *Soyez
soumis aux puissances supérieures ; car
toute puissance vient de Dieu* ( 1 ). Je leur
faisois ce raisonnement fort simple: La religion chrétienne, sans doute, est faite pour
toutes les especes de gouvernemens, monarchique, républicain et autres; S. Paul ne
vouloit donc dire autre chose sinon : Soyez
soumis à l'ordre établi; car Dieu est ami de

______________

( 1 ) Epître aux Romains, chap. 13, verset 1. Il
est bon de remarquer que le mot grec *exousiai* et
le mot latin *potestates*, se prennent aussi souvent,
et même plus souvent, dans le sens de *magistrats*
que dans celui de *puissances souveraines.*

l'ordre. La religion qui n'a que des vues d'union, de tranquillité et de paix, doit donc dire à chaque particulier qu'elle enseigne, Ne troublez pas l'ordre établi ; mais une nation entiere peut élever la voix, et demander la réforme des abus introduits dans la constitution : car enfin il n'est pas dans l'ordre que tous soient opprimés par un seul.

Après cette digression un peu longue, mais que je ne crois pas déplacée, je reviens à mon éleve. Il a neuf ans, il sait lire et écrire, sa mémoire est ornée de quelques traits de l'histoire fabuleuse, sacrée et profane ; je l'introduis au college, et je le mets aussitôt sous des maîtres qui, pendant deux années entieres, ne sont occupés qu'à lui apprendre la grammaire de sa langue, l'abrégé de l'histoire de France, de la géographie, de la chronologie, de l'histoire naturelle.

Une troisieme année, un autre maître lui donnera les premiers principes des langues grecque et latine, qu'il lui fera comparer aux principes de la langue fançoise : car je veux que, dans tout le cours des études, on fasse marcher les trois langues de front, en comparant les langues et les auteurs, de sorte que, par cette comparaison, un enfant les apprenne mieux que s'il les étudioit isolées. Qu'on ne craigne pas de trop charger sa mémoire. La mémoire en général est excellente à cet âge, elle reçoit tout ce qu'on veut y mettre sans être effrayée de ce qui effraie notre jugement. Aussi c'est dans la premiere jeunesse sur-tout qu'il faut apprendre les langues, parcequ'alors elles entrent facilement dans la mémoire sans en sortir jamais ; au lieu qu'à un âge plus avancé, elles n'y entrent qu'avec peine, elles y entrent mal, quelque envie qu'on ait de les bien apprendre. Quand notre jeune éleve aura appris les premiers élémens des langues grecque et latine, les plus simples possibles, sans aucun mot de ce qu'on appelle syntaxe que l'usage seul lui apprendra, on lui mettra entre les mains quelque auteur facile des deux langues, en lui faisant faire ce qu'on nomme les parties des mots, et en lui faisant observer la différence des syntaxes dans les trois idiômes. Ne craignons pas, je le répete, de trop fatiguer son esprit en l'occupant de trois langues à la fois ; laissons cette crainte aux meres qui aiment toujours leurs enfans, mais qui, peu instruites pour l'ordinaire, ne savent pas toujours ce qui leur convient. Sa mémoire est bonne, sa tête est légere et mobile ; il aime la variété et le changement ; ce seroit de l'appliquer toujours à la même chose qui le fatigueroit et l'ennuieroit. Au bout de quelques tems, on lui fera faire ce que nous appellons des thêmes ; oui des thêmes, sans lesquels il est impossible de bien savoir une langue. Ce seroit mal de commencer par là, mais il seroit bien plus mal encore de les exclure.

Dans une quatrieme année, toujours même plan d'études, explications, versions, thêmes. Je n'ai pas encore parlé de ce que les colleges appellent classes : dans les classes quatrieme, troisieme, seconde, le même procédé absolument que suit l'université de Paris, seulement avec l'attention de faire toujours marcher de front les trois langues, de comparer ensemble les idiômes et les auteurs.

Nous voici enfin arrivés à la rhétorique, cette classe importante, où nous allons commencer à former des orateurs pour la patrie, soit par des compositions dans les trois langues, soit par la lecture des plus grands orateurs grecs, latins et françois, et sur-tout de Démosthene, dont l'éloquence

grave, austere, véhémente et rapide, est
si analogue à celle que demandent nos
grandes assemblées. Je voudrois que pour
cette classe et pour la logique, que l'on
mêleroit ensemble de la maniere dont je
vais l'expliquer, mon éleve employât trois
années, les deux premieres, c'est-à-dire une
année de rhétorique et une de logique, toujours sous le même professeur. Sous le même professeur! cela paroîtra bien extraor-
dinaire; oui, d'après nos usages : mais je
vois qu'à Athenes le même homme ensei-
gnoit en même tems la rhétorique et la philosophie. Gorgias étoit à la fois maître de
philosophie et de rhétorique. Le philosophe Anagoras enseigna au grand Périclès,
son illustre disciple, et la physique et l'éloquence. En effet, n'est-il pas absurde de
séparer les choses des paroles et les paroles
des choses? désordre qui regne chez nous,
et qui nous donne de beaux esprits frivoles
et des philosophes barbares. Ne sait-on pas
que le plus éloquent des philosophes, Platon, a formé les plus grands orateurs de la
Grece, entre autres Eschine et Démosthene?
Démade, dit-on, simple marinier, se pro-
menant dans Athenes, entra à l'Académie
où Platon donnoit ses leçons publiquement.

Dès qu'il l'eut entendu, Il me semble, se
dit-il à lui-même, que je suis orateur. Il
jetta la rame, prit la plume, et devint orateur célebre. Si Buffon et Rousseau reve-
noient au monde, et donnoient des leçons
publiques, ils produiroient chez nous les
mêmes effets, sur-tout dans des circonstances où la patrie demande des orateurs.

Après avoir passé une année en rhétorique, occupé d'exercices aussi utiles qu'a-
gréables, notre jeune Emile étudiera, une
autre année, les meilleurs élémens possibles
de logique, de métaphysique, de morale,
de droit public ; il les étudiera en bon françois, et non dans ce latin barbare, qui ef-
fraya et découragea le sévere Patru, Patru
qui avoit un trop bon esprit pour y rien
comprendre. Sa mere, dit-on, ne pouvant
souffrir qu'il se fatiguât la tête après de mau-
dits cahiers, prit un jour le parti de les jetter tous au feu : Patru de dépit se mit à lire
des romans.

Retournons avec notre disciple à l'étude
de l'éloquence, ou plutôt continuons cette
étude, puisque c'est étudier l'éloquence que
d'étudier la dialectique, sans laquelle nous
n'aurons jamais que des discoureurs et non
de bons orateurs. C'est dans cette troi-

sieme année que nous le perfectionnerons autant qu'il sera en nous, que nous lui ap-
prendrons à composer des discours raison-
nés et suivis, seulement dans sa langue, à
les débiter d'un ton ferme et assuré, en ar-
ticulant bien chaque mot, en pesant sur les
syllabes muettes, en donnant à chaque idée,
à chaque sentiment, les articulations con-
venables. Nous l'accoutumerons, durant
tout le cours de ses études, à bien lire. Je
Je dis à bien lire : je n'ai connu presque
personne qui sache lire en public. Faute de
bien articuler, faute de peser sur les muettes, il arrive que l'auditeur perd presque tous
les mots, presque toutes les phrases, presque toute la lecture. Pour ne pas trop mul-
tiplier le nombre des professeurs, et aussi
parcequ'il n'y aura guere que ceux qui auront un talent naturel pour l'éloquence qui
feront cette seconde année de rhétorique,
nous aurions en tout trois ou quatre professeurs attachés particulièrement à ce dernier objet. Eh! qui empêcheroit qu'ils n'e-
xerçassent quelquefois leurs disciples à parler sans avoir écrit, mais d'une maniere
noble et soutenue : car enfin il est bien rare
qu'on puisse se permettre dans une grande
assemblée cette négligence et cet abandon
qu'on se permet dans les cercles.

Voilà donc notre orateur presque entièrement formé ; mais comme il faut qu'il ne
soit étranger à rien, qu'il puisse parler de
tout, qu'il soit en état de nourrir son discours des plus solides et des plus belles connoissances, nous finirons par le conduire
en physique. Il y apprendra les mathémati-
ques et tout ce qu'on y apprend actuellement, mais en françois et dans de bons im-
primés : et par là nous gagnerons une année entiere, puisqu'on perd la moitié de
l'année et en logique et en physique à dic-
ter des cahiers.

Notre cours d'études est fini et bien rem-
pli, à ce que je m'imagine. Je ne doute pas
que nos meres françoises, changeant ainsi
que les hommes avec la révolution, n'ap-
plaudissent enfin elles mêmes à cette éducation pleine et sévere : je ne doute pas qu'à
l'exemple de la mere des Gracques (1), elles

---

( 1 ) On sait que la mere des Gracques, visitée
par des dames de Campanie, qui lui montroient
avec complaisance leurs colliers, bracelets, et autres bijoux, leur dit qu'elle ne pouvoit encore leur
montrer les siens. Ses deux enfans revinrent des
écoles publiques : *Voilà*, dit-elle en les leur mon-
trant, *voilà mes colliers et mes bracelets !*

ne montrent désormais aux dames étrange-
res , au lieu de vains bijoux, des enfans
devenus capables de servir et d'illustrer la
patrie par leurs lumieres et par leur éloquence.

Dans notre cours d'études , je n'ai parlé
que d'abrégé d'histoire de France et d'élémens de droit public, parceque je suppose
qu'on établira des professeurs particuliers
pour ces deux objets, qui en donneront des
connoissances plus étendues, et que notre
éleve pourra suivre au sortir de ses études.
Par rapport à la religion, ce sera d'autres
personnes qui seront chargées particulièrement d'en instruire les jeunes disciples hors
des classes. Nos professeurs seulement seront attentifs à saisir toutes les occasions de
leur inspirer pour elle du respect, et de leur
en inculquer les principes.

On pourra combattre mon projet par
deux objections; on pourra me dire : Nous
avons de bons écrivains dans tous les genres
et de bonnes traductions des auteurs anciens; pourquoi donc perdre le tems à apprendre trois langues , et ne point nous borner à la nôtre comme faisoient les Grecs ?
D'ailleurs beaucoup de jeunes gens n'auront
ni le tems ni les moyens de fournir un aussi

long cours d'études : or il faut une éducation pour tout le monde , puisque dans notre constitution actuelle , même le peuple ne
sera pas exclus de la participation aux affaires publiques.

Je vais répondre à cette double objection ,
et solidement, à ce que je m'imagine. Di-
sons dabord un mot des traductions. Je
parlerai contre moi-même puisque je me
suis occupé toute ma vie à traduire. La meilleure traduction ne rend qu'imparfaitement
un parfait original ; elle peut aider à le lire ,
mais elle n'en dispense pas. Il faut donc lire
les originaux : or voyons si les originaux
grecs et latins méritent d'être lus. Qu'on
me permette ici de me citer moi-même , et
de répéter ce que j'ai déja dit ailleurs. Je
le ferai d'autant plus volontiers , que ce
sera en partie comme une récapitulation de
tout ce qui précede avec quelques raisons
nouvelles qui ont pu m'échapper.

Faut-il étudier les langues anciennes ? à
quel âge faut-il les étudier? Deux questions
importantes sur lesquelles je me contenterai
de donner quelques apperçus rapides , sans
essayer de les approfondir. Je parlerai plus
particulièrement de la langue grecque, qui
est plus généralement ignorée, et sur la-

quelle par conséquent il doit y avoir plus de contestations. Car voici comme raisonnent presque toujours l'ignorance et l'amour propre : J'ignore telle chose, donc telle chose est inutile. Il est bien plutôt fait de rejetter et de mépriser que d'apprendre.

Sans entrer dans la question frivole de la prééminence des anciens sur les modernes, ou des modernes sur les anciens, je me contente de dire que les anciens Grecs ont eu d'insignes avantages. Ils devoient à l'état de sauvages dont on les avoit fait sortir, une nature forte et vigoureuse, qui n'étoit gâtée et altérée par aucune institution barbare : un gouvernement tumultueux donna du ressort à leur génie, mit en exercice toutes leurs facultés naturelles ; leur fit étudier la morale et la politique, chercher les moyens de tourner vers le seul bien public une foule de volontés contraires, de régler la liberté et de l'empêcher de dégénérer en licence. Ajoutez le climat le plus favorable, une heureuse température, où les organes ne sont ni endurcis par la rigueur du froid, ni amollis par l'excès de la chaleur.

Les Grecs eurent bientôt une langue riche et harmonieuse, dont les bons esprits romains ont senti et avoué la grande supério-

rité sur leur idiôme rude et sourd. Ils ne
tarderent pas à trouver les vrais principes
des arts, de la poésie et de l'éloquence ;
principes qui nous ont tirés enfin de la bar-
barie où nous avons été plongés durant tant
de siecles. C'est en suivant ces principes que
nous sommes parvenus à marcher à leur
suite, à les atteindre, quelquefois même à
les surpasser. Et nous souffrirons que l'ignorance ou la demi-science nous arrachent des
livres auxquels nous avons de si grandes
obligations ! Des artistes font de longs voya-
ges pour aller consulter sur les lieux des
fragmens de colonnes, des statues tronquées
et mutilées, des édifices à demi ruinés ; ils
contemplent avec respect et admirent en si-
lence ces précieux restes qu'a épargnés le
temps : remplis d'un saint enthousiasme ,
leur imagination s'exalte ; ils regardent sans
cesse ces beautés presque effacées, ils les
étudient sans relâche , et reviennent dans
leur patrie avec le desir ardent de l'illustrer
et de s'illustrer eux - mêmes par des ouvrages rares , par des ouvrages où respire le
goût antique. Et nous nous jetterons à nos
piés , parceque nous avons en nos mains,
ces productions admirables , ces productions
entieres du génie , qui, sans parler de mille

autres, ont formé les Horace, les Virgile, les Cicéron, les Boileau, les Racine!

Non, je ne cesserai de répéter cette parole de Jean-Jacques Rousseau, qui sentoit le prix des bonnes études quoiqu'il en eût fait de mauvaises, et qui avoit l'esprit des anciens quoiqu'en général il ne fût pas assez instruit de leur langue pour les bien connoître. *Etudions les anciens,* disoit-il ; *quand ils n'auroient que cet avantage, ils étoient plus près de la nature.* Je ne cesserai, quoiqu'elle y soit portée d'elle-même, d'exhorter l'université de Paris, cette mere des bonnes études, à ne point s'écarter de ses principes, malgré les clameurs de la frivolité ignorante, malgré cet esprit d'innovation qui, dégoûté de tout voudroit tout détruire : loin de permettre qu'on affoiblisse ses études, qu'elle les renforce ; comme le tems use tout insensiblement, qu'elle remonte une machine qui a été composée et montée par d'habiles mains, qu'elle la remonte en donnant une nouvelle activité à ses ressorts ; qu'elle s'applique avec encore plus d'ardeur à inspirer aux jeunes gens que l'on lui confie, le goût de la saine antiquité.

C'est dans la jeunesse que l'ame encore neuve s'ouvre à toutes les beautés diverses

des anciens , qui font sur elle une impression profonde et ineffaçable. C'est principalement dans la jeunesse que la mémoire dévore comme en se jouant les plus grandes
difficultés des langues. Cette complication
prétendue des déclinaisons et des conjugai-
sons de la langue grecque , dont les détails
sont si multipliés , mais dont les principes
sont si simples , cette complication qui effraie l'homme fait, qui le rebute, amuse le
jeune homme, qui n'y prend même pas garde; tout entre dans sa mémoire comme à
son insu , sans que le jugement y ait presque aucune part.

Il est un âge pour apprendre les langues,
après lequel on ne les sait jamais bien, quoi
qu'on fasse. Plutarque vivoit au milieu des
Romains, il avoit le plus grand desir de bien
savoir la langue latine; et il ne put jamais
y parvenir, comme il en convient lui-même.
Il étoit, sans doute, plus sensé, plus mo-
deste, de meilleure foi que tant de personnes à qui vous entendrez dire qu'ils ont appris l'italien ou l'anglois en trois mois, et
qui s'étonnent qu'on mette huit ans à apprendre le latin dans les classes. Ils croient
savoir ces langues parcequ'ils en balbutient
quelques mots , parcequ'ils déchiffrent quel-

ques lignes d'un livre. Mais sont-ils en état
d'en sentir les beautés oratoires et poétiques,
d'en apercevoir les nuances délicates, les
tours familiers ou nobles, de distinguer le
style de tel écrivain de celui de tel autre ?
Or, sans ces conditions et beaucoup d'autres encore, peut-on dire que l'on sait vraiment une langue?

Combien de gens du monde, et même de
gens de lettres, ne répetent-ils pas qu'on
n'apprend que des mots dans les classes ?
Je pourrois leur dire : C'est l'âge d'apprendre les mots, il viendra celui d'apprendre
les choses. Ne soyez pas plus étonnés de
voir un jeune homme, dans le printems de
la vie, si propre à saisir les belles expres-
sions, les belles images, les belles figures,
les belles phrases, que de voir un arbre, dans
le printems de l'année, porter des fleurs pour
porter des fruits dans une autre saison. Mais,
puis-je ajouter, les auteurs célebres qu'on
explique dans les classes : Virgile, Horace,
Cicéron, Tite Live, Salluste, Démosthene,
Homere, Plutarque, Xénophon, n'offrent-ils
donc que des mots ? En expliquant ces auteurs, un maître habile ne peut il pas donner
à ses jeunes éleves, avec des principes de
goût, des leçons de religion, de morale, de

politique, leçons qui profiteront d'autant plus qu'elles ne seront pas données à dessein et d'une maniere ennuyeuse? C'est là l'esprit de l'université, comme on le peut voir d'après le Traité des études de M. Rollin; et un maître qui n'enseigne pas selon cette méthode, s'éloigne de l'esprit de cette sage institutrice, sous les auspices de laquelle il enseigne.

Les écrivains grecs peuvent donc servir, non seulement au littérateur qui veut amuser ou instruire ses compatriotes, mais plus encore au citoyen qui veut être utile à sa patrie. Je me suis rappellé, dans des écrivains grecs, et sur-tout dans Démosthene, mille passages qui avoient rapport aux circonstances présentes. Par exemple, quand j'ai vu MM. Bailly, de la Fayette et de Vauvilliers, nommés pour chefs dans différens ressorts, par les suffrages de leurs concitoyens, je me suis souvenu de cet endroit de Démosthene :

« A ne regarder que l'avantage actuel de celui qui reçoit, ce sont sur-tout les monarques et les princes qui savent récompenser, puisqu'ils rendent tout-à-coup riches qui ils veulent. Mais pour l'honneur et la stabilité, les récompenses dans les républiques l'em-

portent de beaucoup. Il est beau de ne **pas**
devoir une grace à la bassesse et à la flatterie , et d'être honoré parmi des concitoyens
qui nous estiment. Quelques faveurs que
nous recevions d'un maître , vaudront-elles
jamais l'avantage d'être considérés parmi
des hommes libres nos égaux? »

Le même orateur , après s'être plaint que
de son tems les récompenses et les honneurs
étoient trop prodigués ; Est-ce que nos ancê-
tres , se fait-il dire, ne récompensoient point
la vertu et ceux qui les servoient ? *Oui*, ré-
pond-il , *ils les récompensoient et d'une
maniere digne d'eux :* ILS S'ESTIMOIENT EUX-
MÊMES , ET ILS LES METTOIENT A LEUR TÊTE.

Ces sentimens généreux , une vigoureuse
aversion de la servitude, un vif mais raisonnable amour de la liberté , l'attachement
aux loix et à la patrie, respirent par-tout dans
les livres et dans les harangues des anciens :
et autant je trouve aujourd'hui qu'il est naturel , qu'il est essentiel de mettre nos jeunes François en état d'admirer ces livres et
ces harangues , qui leur apprendront à être
libres, à s'en rendre dignes ; autant je trou-
vois inconséquent et ridicule sous une autre administration , d'occuper notre jeunesse
de ces écrivains sublimes qui exaltent avec

un si noble enthousiasme une liberté dont il nous étoit défendu de prononcer le nom, qui s'élevent avec tant de force contre une servitude dont il nous étoit ordonné de chérir et de bénir le joug.

Que de belles choses dans Platon, Démosthene et les autres, sur la nature et le pouvoir des loix, sur la meilleure forme et sur les abus des gouvernemens !

Le premier passage est tiré du septieme livre de l'histoire d'Hérodote. Le monarque Xerxès s'entretient avec le Lacédémonien Démarate, que des circonstances particulieres avoient obligé de quitter sa patrie et de se réfugier à la cour du roi de Perse : il est étonné de lui entendre dire que les Grecs et sur-tout les Spartiates ne seront pas effrayés du nombre de ses troupes, qu'ils ne fuiront pas devant elles. « S'ils étoient gouvernés, dit-il, par un monarque, la crainte du chef rendroit braves les plus lâches, et contraints par les châtimens, ils marcheroient, quoiqu'en petit nombre, contre des troupes nombreuses. Mais, abandonnés à leur propre liberté, ils ne pourront tenir ni même paroître devant nous ». « Quoique les Lacédémoniens soient libres, répond Démarate à Xerxès, ils ne le sont pas en tout.

Ils ont pour souveraine la loi, qu'ils redou-
tent beaucoup plus que tes sujets ne te
craignent. Ils font donc tout ce qu'elle leur
commande, et elle leur commande toujours
la même chose, de ne pas fuir dans le com-
bat, quel que soit le nombre de leurs ad-
versaires, de tenir ferme en leur poste, de
vaincre ou de mourir». Voici un second passage, que fournit la premiere harangue de
Démosthene contre Aristogiton.

« Dans les états plus ou moins étendus, les
hommes sont gouvernés par les loix et par
les mœurs. Les mœurs n'ont rien de stable,
rien qui se ressemble, chaque particulier
a les siennes ; les loix sont communes, in-
variables, les mêmes pour tout le monde.
De mauvaises mœurs ne font que trop souvent mal agir : de là, ceux dont la vie n'est
pas réglée, sont sujets à commettre bien
des fautes. Les loix ne veulent et ne cher-
chent que ce qui est juste, honnête, utile ;
quand elles l'ont trouvé, elles en font un précepte général et uniforme : et ce précepte
est ce qu'on appelle la loi, à laquelle tous
doivent obéir pour plusieurs raisons, et
principalement parceque la loi est une in-
vention et un présent des dieux, la décision
des hommes sages, la regle qui distingue

les fautes faites sans dessein ou avec réflexion, le pacte commun et civil qui oblige
tous les citoyens. . . .

« Examinez, dit l'orateur aux juges, ce qui
maintienttous les établissemens sages d'où
dépend le bon ordre et le salut de l'état ;
vous verrez que ce sont les loix et la soumission aux loix. Si elles étoient abolies ,
si chacun avoit la liberté de faire ce qu'il
veut, il n'y auroit plus de gouvernement,
ou plutôt notre vie ne différeroit pas de celle
des brutes. . . . Puis donc que, de l'aveu de
tout le monde, ce sont les loix qui, après
les dieux, conservent notre république ;
comme si vous étiez ici pour recueillir des
contributions, honorez et récompensez le
citoyen qui contribue pour sa part au salut
de la patrie en se soumettant aux loix ; pu-
nissez celui qui refuse de leur obéir. Oui ,
sans doute, la soumission de chaque citoyen aux loix est une espece de contribution civique ; et quiconque refuse d'y satisfaire , ruine autant qu'il est en lui une foule
d'établissemens aussi importans que magni-
fiques qui décorent votre ville. »

J'ouvre Platon et j'y lis : « La puissance des
Perses a toujours été en s'affoiblissant, sans
doute , parceque les rois ayant donné des

bornes trop étroites à la liberté de leurs sujets, et ayant porté leur autorité jusqu'au
despotisme, ont ruiné par là l'union et la
correspondance qui doit régner entre les
membres de l'état. Cette union une fois dé-
truite, les princes dans leur conseil ne diri-
gent plus leurs délibérations vers le bien de
leurs sujets et l'intérêt public : ils ne pensent
qu'à agrandir leur domination. »

« Notre devoir, dit ailleurs le même philosophe, est d'approcher le plus près qu'il se
pourra du gouvernement qui fut en vigueur
au tems de Saturne, de confier l'autorité à
cette partie de nous-mêmes en qui l'im-
mortalité réside, et donnant le nom de loix
aux ordres émanés de la raison, d'admini-
strer sous sa direction nos affaires domestiques et celles de l'état. Au contraire, dans
quelque gouvernement que ce soit, monarchique, aristocratique ou démocratique, si
ceux qui commandent ont l'ame asservie à
une foule de desirs et de passions, qu'ils
s'efforcent en vain de satisfaire, parceque
leur ame demeure toujours vuide, et que
le mal qui la dévore est insatiable et sans
remede ; si, foulant aux piés les loix, ils
exercent leur domination sur tous les sujets d'un empire ou sur quelques particu-

liers : il est impossible de vivre heureux sous
de tels maîtres. »

Ne nous lassons pas d'écouter celui que tou-
-te la ville d'Athenes ne se lassoit pas d'enten-
-dre. « Affermissons-nous, dit encore Platon,
dans la résolution où nous sommes de ne con-
férer dans notre empire les charges publiques, ni aux richesses, ni à la noblesse, ni
à la force, ni à la haute taille, ni à aucun des
avantages extérieurs, mais uniquement à
ceux qui se montreront plus dociles envers
les loix, qui l'emporteront en cela sur le
reste des citoyens. Si j'ai appellé les magistrats, ministres des loix, ce n'est pas que
je veuille rien changer aux termes établis
par l'usage : mais je suis persuadé que le
salut de l'état dépend de là principalement,
et que le contraire cause infailliblement sa
ruine : je vois la perte prochaine et inévita-
ble d'une république où la loi est sans force
et soumise à ceux qui gouvernent ; au contraire, par-tout où la loi est seule souveraine, où les magistrats sont ses premiers
sujets, avec le salut public, j'y vois l'assem-
blage de tous les biens que les dieux ont
jamais versés sur les états. »

Il ne me seroit pas difficile de recueillir
dans les écrivains grecs et romains, des prin-

-cipes pour résoudre la plupart des grandes questions qui ont été agitées dans notre assemblée nationale ; de rassembler les maximes et les motifs qui doivent régler et animer des hommes d'état , des hommes chargés de donner des loix à un peuple. Cependant quelques uns se vanteront de trouver dans leur tête ce qu'on trouve dans les livres. Je les félicite de trouver tout dans leur tête ; mais les sages m'ont appris que la pratique étoit un bien meilleur maître que le raisonnement, que l'histoire et l'expérience des siecles étoient la meilleure école du grand administrateur.

Je me suis un peu arrêté à la premiere objection par laquelle on pourroit combattre notre projet, parceque j'étois jaloux de détromper bien des personnes sur le genre des études dont nous voulons occuper notre jeune éleve : je vais répondre en deux mots à la seconde objection ; ma réponse sera aussi courte que simple : on desire un plan d'éducation publique pour ceux qui ne pourront pas ou qui ne voudront pas suivre notre cours d'études entier : eh bien ! qu'on prenne les deux premieres années de notre cours , notre seconde année de rhétorique , avec nos deux années de logique et de phy-

sique; et l'on aura un cours d'études tout
françois, qui pourra être achevé en cinq ans,
ou même en quatre si l'on vouloit se dispen-
ser de la physique.

Il me reste à examiner le moyen de rendre notre éducation la même dans tout le
royaume. Le moyen que je vais proposer
n'est pas compliqué, et on n'aura pas de
peine à le saisir. L'université de Paris sera
comme l'université mere, l'université prin-
cipale, le chef-lieu, pour ainsi dire, de toute l'éducation. Cinq ou six universités secondaires, distribuées dans toute la France,
recevront d'elle des sujets et en donneront
à tous les colleges de leur ressort. Par là les
excellens principes se propageront d'un bout
du royaume à l'autre, et la capitale sera le
centre d'où les bonnes études se répandront
dans toutes les parties du corps national.
Nos jeunes François accourront à l'envi
dans cette ville de toutes les provinces ; et
après s'être enrichis de tout ce qu'il y a de
plus précieux dans la littérature et dans les
sciences, ils s'empresseront de reporter aux
pays qui les ont vu naître les trésors de doc-
trine qu'ils auront puisés dans les plus abon-
dantes sources. Que la nation et son chef auguste témoignent de la considération, d'a-

bord à l'université de Paris, ensuite aux universités secondaires, enfin à tous ceux qui seront chargés de l'instruction publique, qu'on leur procure un état agréable quand ils seront en exercice, et une honorable retraite quand ils en sortiront ; et l'on verra bientôt notre projet se réaliser. La vivacité françoise a besoin d'être contenue et dirigée par d'habiles mains, mais on en peut tirer de prodigieux avantages. On a vu dans ces derniers tems nos François créer avec une merveilleuse promptitude une marine redoutable, suppléer à l'expérience par l'ardeur, et se montrer aussitôt en état de tenir tête aux dominateurs des mers. Les François animés et encouragés feront dans l'espace de quelques années ce que bien d'autres peuples feroient à peine en un siecle. Paris se voit en péril ; on n'a ni fusils, ni canons, ni poudre : en deux jours la bastille est emportée, une milice imposante toute formée, la capitale bien défendue, et le signal de la défense donné à tout le royaume. Un grand sentiment, sans doute, animoit les Parisiens ; il étoit comme l'ame et le chef principal de l'entreprise. On fera toujours des François ce qu'on voudra, quand on le voudra efficacement, quand on emploiera les moyens

propres à mettre en œuvre leur activité naturelle. Ainsi, que mon projet soit bon, on
le fera bientôt exécuter si on le desire. Je
voudrois qu'on l'adoptât, non parcequ'il est
de moi, mais parceque je le crois utile. Pour
que la réforme soit solide et durable, il faut
aller à la source, à l'éducation de la jeunesse.
Les musées, les lycées, les académies, les
professeurs publics de toute espece, ne serviront de rien, si notre jeunesse françoise
n'est sévèrement élevée et solidement instruite. J'offre mon travail à la patrie, qu'elle
le reçoive comme le témoignage de mon
zele sincèrement et purement patriotique.

FIN

www.ingramcontent.com/pod-product-compliance
Lightning Source LLC
LaVergne TN
LVHW012230170726
843503LV00005B/2365